Wolfgang Müller

Nachgefragt: Anthroposophie

Häufig gestellte Fragen zu Rudolf Steiner
und seinem Werk

Wolfgang Müller

Nachgefragt: Anthroposophie

Häufig gestellte Fragen zu Rudolf Steiner und seinem Werk

INFO3 VERLAG

Wolfgang Müller
Nachgefragt: Anthroposophie

ISBN 978-3-95779-193-1

Erste Auflage 2023

Lektorat: Dr. Jens Heisterkamp, Frankfurt am Main
Umschlag: Frank Schubert, Frankfurt am Main
Foto Titelseite: Goetheanum, Dornach (Detail), © Alamy
Satz: Ulrich Schmid, de·te·pe, Aalen
Druck: CPI books, Leck

Inhalt

Vorwort

Die Begegnung mit der Anthroposophie kann der Beginn einer ungewöhnlichen Reise sein. Man kommt durch Landschaften, die man noch nicht kannte, es geht hinaus aufs Meer, an ferne Inseln und Gestade, Stürme und Flauten inklusive, und selbst die Heimat kann einem auf einmal ziemlich neu und interessant erscheinen.

Andererseits kann die Anthroposophie auch etwas Einschüchterndes haben. Ihr Gründer Rudolf Steiner (1861–1925) hat ein immenses schriftliches Werk hinterlassen, an die vierhundert Bände, wenn man seine Bücher und die Nachschriften seiner Vorträge zusammennimmt. Wo soll man da anfangen, wie jemals an ein Ende kommen? Selbst diejenigen, die sich Jahre und Jahrzehnte in diesem geistigen Gelände bewegen, finden es oft nicht leicht, die zentralen Inhalte auszudrücken oder wenigstens anzudeuten. Und viele Jüngere, die die Bedeutung der Anthroposophie spüren und oft auch – etwa in der Schule oder im ökologischen Bereich – erlebt haben, sind oft ratlos, wenn sie benennen sollten, worum es eigentlich in dieser Weltanschauung geht.

Dieses kleine Buch möchte in dieser Hinsicht einige Vorschläge machen. Es bietet kurze Antworten auf häufig gestellte Fragen, teilweise auch auf Angriffe, denen die Anthroposophie immer wieder ausgesetzt ist. Es sind durchaus *persönliche* Antworten von einem, der sich selbst, mit viel Skepsis im Gepäck, der Anthroposophie genähert hat. Aber gerade diese persönliche Dimension – dass alles Entscheidende selbst zu erringen ist und sich keine Weisheit ins eigene Leben rüberkopieren lässt – führt in die Mitte der Anthroposophie. Es gibt keinen Anthro-Automaten, der uns die allgemeingültigen Antworten liefern könnte. Dass sich die Welt so bunt und individualisiert und vielgestaltig entwickelt hat, ist – im Lichte der Anthroposophie gesehen – keine sinnlose Verschwendung. Vielmehr bildet gerade diese Vielfalt und bilden all ihre Blüten, zu denen wir selbst gehören, erst das, was diese Welt ist oder jedenfalls sein könnte.

Selbstverständlich bieten die kleinen Texte nur Schlaglichter auf bestimmte Themen. Sie sind kein

Ersatz für eine vertiefende Beschäftigung, sondern verstehen sich als Ermunterung dazu.

Wolfgang Müller

Was glauben Anthroposophen?

Das ist eine der am häufigsten eingegebenen Suchanfragen zur Anthroposophie im Internet. Aber sie führt auf eine falsche Spur. Jedenfalls versteht sich die Anthroposophie nicht als Glaube im Sinne von Religionen. Rudolf Steiner nannte sie vielmehr eine „Erkenntnisbewegung". Er war überzeugt, dass die Menschheit in eine Phase eingetreten ist, in der die Menschen nicht mehr nur gegebenen Offenbarungen folgen sollten, sondern zu eigenem Erkennen aufgerufen sind. Man könnte sagen: Im Bereich der Naturwissenschaften befolgt die Menschheit genau dies schon seit einigen hundert Jahren, jetzt sollte die Forschung weitergehen und tiefere, „geistige" Dimensionen der Wirklichkeit erreichen.

Natürlich stecken darin schwierigste Fragen. Zunächst die, ob der Mensch das überhaupt *kann.* Immanuel Kant meinte Nein, Steiner sagt Ja. Jedenfalls grundsätzlich, in weiteren, sehr langen Zeiträumen.

Und was ist mit den von Steiner selbst mitgeteilten Erkenntnissen, die bis in tiefste Dimensionen reichen? Ist das nicht im Grunde auch wieder eine Offenbarung, die von seiner Anhängerschaft seit hundert Jahren brav umkreist und rekapituliert wird?

Steiner sah das Problem. Daher sein ständiger Hinweis, in der Anthroposophie gehe es nicht um etwas Fertiges, einen festen Bestand an Einsichten, sondern um das Eintreten in eine eigene Erkenntnisbewegung. Manche, sagt er einmal, eigneten sich beim Lesen seiner Bücher zwar neue Begriffe an, aber der geistige Prozess sei der gleiche, wie wenn sie ein Kochbuch läsen. Insofern: Ein Verständnis von Anthroposophie zeigt sich wohl weniger in einem routinierten Sprechen über höhere geistige Sphären als im Bemühen, Mensch und Welt in einer behutsamen, erkennenden Haltung zu begegnen.

Wo wurde Rudolf Steiner geboren?

Rudolf Steiner war Österreicher, genauer gesagt war er ein Kind des alten Habsburger-Reiches, das viele Länder umfasste, die heute selbstständig sind. So gehört der kleine Ort Donji Kraljevec, in dem Steiner 1861 geboren wurde, heute zu Kroatien.

Die Familie – er hatte noch eine Schwester und einen Bruder – zog einige Male um, weil Vater Johann als Bahnangestellter mehrfach versetzt wurde. Im Wesentlichen wuchs Steiner in kleinen Ortschaften südlich von Wien auf, schon mit Blick auf die Berge, die östlichen Ausläufer der Alpen.

Gelegentlich sprach er davon, er sei „aus dem Proletariat hervorgegangen“. Das kann man ein wenig übertrieben finden, aber tatsächlich lebte die Familie überaus bescheiden, zeitweise zu fünft in zwei Zimmern. – Prägend war zweifellos, dass er schon als Kind auf den Bahnstationen die damals modernste Technik kennenlernte. „Auch das Telegraphieren lernte ich schon als Knabe.“ Die Eltern hatten den

1 Die Bahnstation im österreichisch-ungarischen Neudörfl, wo Rudolf Steiners Vater seit 1869 stationiert war. Hier verbrachte Steiner einige Kindheits- und Jugendjahre.

naheliegenden Aufstiegswunsch, „ich sollte Eisenbahn-Ingenieur werden". Das hat sich bekanntlich nicht erfüllt.

Was war Steiner eigentlich von Beruf?

In seinem Ausweis stand: *Schriftsteller*. Was auch ungefähr hinkommt. Als junger Mann war er viele Jahre Herausgeber von Goethes naturwissenschaftlichen Werken. Parallel promovierte er in Philosophie und verfasste unter anderem eine *Philosophie der Freiheit* und ein Buch über Nietzsche.

In seinen letzten beiden Lebensjahrzehnten hat sein Werk einen etwas anderen Charakter. Es ist nicht mehr im klassischen Sinn philosophisch, sondern versucht, die Ergebnisse früherer und eigener Geistesforschung mitzuteilen. Jetzt entstanden einige von Steiners bekanntesten Werken, zum Beispiel die *Theosophie* und die umfangreiche *Geheimwissenschaft im Umriss*. Außerdem war er ein unermüdlicher Vortragsredner und Anreger von praktischen Initiativen, von der Pädagogik bis zur Politik. Seine Vorträge, teils öffentlich, teils in anthroposophischen Kreisen, hielt er stets frei. Aber sehr viele seiner Vorträge wurden mitstenografiert und bilden heute den Großteil der viele Regalmeter einnehmenden „GA“, der *Rudolf Steiner Gesamtausgabe*.

2 Rudolf Steiner mit Anfang dreißig in seiner Weimarer Zeit, in der er unter anderem als Mitarbeiter am Goethe- und Schiller-Archiv tätig war. Radierung von Steiners Freund, dem Maler Otto Fröhlich, um 1892.

Steiner nennt die Anthroposophie eine *Geisteswissenschaft*. Was heißt das?

Zunächst einmal sind damit nicht primär die Geisteswissenschaften an unseren Universitäten gemeint, also die Fächergruppe, die im angelsächsischen Raum, wohl treffender, *humanities* heißt.

Bei Steiner bedeutet Geisteswissenschaft (im Singular), auch *den* Teil der Wirklichkeit in den Blick zu nehmen, der nicht ohne Weiteres mit äußeren Methoden, etwa experimentell, greifbar ist. Er nannte es die „geistige Welt", und er sah die sichtbare Welt als Offenbarung jener unsichtbaren geistigen Wirklichkeiten.

Steiner wurde und wird oft dafür kritisiert, auch in diesem Bereich von *Wissenschaft* zu sprechen, der heute meist als bloßes Feld des Glaubens gilt. Ihm kam es aber darauf an zu zeigen, dass der Mensch auch in geistigen Räumen methodisch vorgehen und zu so klaren Einsichten gelangen kann wie etwa in der – ebenfalls nicht greifbaren – Mathematik. Das wirft, kein Zweifel, große erkenntnistheoretische Fragen auf.

War Steiner der Erfinder der Waldorfschulen?

Das kann man so sagen. Der Anstoß kam aber von dem mit ihm befreundeten Stuttgarter Fabrikdirektor Emil Molt. Er bat Steiner 1919, für die Arbeiterkinder seiner Waldorf-Astoria-Zigarettenfabrik eine Schule nach den pädagogischen Prinzipien der Anthroposophie einzurichten. Es war die erste Gesamt-

3 Auf der Uhlandshöhe in Stuttgart entstand 1919 die erste Waldorfschule: Hier das neue Oberstufengebäude.

schule in Deutschland, in der Mädchen und Jungen gemeinsam unterrichtet wurden – das Vorbild aller späteren „Waldorfschulen“. In Deutschland gibt es heute etwa 250, weltweit gut 1200.

An Waldorfschulen können alle üblichen staatlichen Abschlüsse abgelegt werden. Die Regelschulzeit beträgt meist zwölf Jahre bis zum Waldorf-Abschluss. Auf das Abitur bereiten die meisten Waldorfschulen in einem zusätzlichen 13. Schuljahr vor.

Was will die Waldorfpädagogik anders machen?

Einige Merkmale der Waldorfschulen sind allgemein bekannt: etwa dass das Handwerkliche und Künstlerische eine große Rolle spielt; dass nicht oder jedenfalls erst spät Noten vergeben werden; dass die Kinder über viele Jahre von derselben Klassenlehrerin bzw. demselben Klassenlehrer unterrichtet werden; dass auch bestimmte Inhalte, zum Beispiel die Mythen und Sagen der jeweiligen Kultur, eine größere Rolle als an anderen Schulen spielen. – Womit hängt das zusammen?

Letztlich mit einer anderen Blickrichtung, als sie sonst oft üblich ist. Häufig folgt ja die Planung schulischer Inhalte der Frage: Was muss das Kind später können? … und das bringen wir ihm bei. Musik und Mythen wären dann nicht vorne auf der Liste. Anthroposophie fragt anders: Wie findet dieses junge Wesen auf eine gute Weise in seine Existenz? Wie kann es sich – körperlich, seelisch und geistig – so entwickeln, dass es die unterschiedlichen Seiten seiner

Persönlichkeit gut und altersgemäß ausbilden kann? Dann wird sofort klar, dass bei jungen Kindern die direkte Welterfahrung mit Augen und Händen eine ganz andere Rolle spielen wird als bei Jugendlichen, bei denen inzwischen die Möglichkeit hinzugekommen ist, bestimmte Zusammenhänge – mathematische oder philosophische – rein geistig zu durchdringen. Klar wird auch, dass etwa für Zehnjährige eine Heldensage, die von Mut und Treue und Bewährung handelt, ein großes inneres Erlebnis sein kann, auch wenn sie später im Leben voraussichtlich nie einen Kampf zu Pferde und mit Lanzen erleben werden. Es geht eben um seelische Ur-Situationen, aus denen sich unsere Lebenshaltung formt.

Selbstverständlich gibt es eine solch entwicklungsbezogene Pädagogik nicht nur in der Anthroposophie; in ihr aber ist sie besonders umfassend und konsequent ausgebildet.

Waldorf-typisch ist auch der sogenannte „Epochen“-Unterricht, eine Vertiefung bestimmter Inhalte über mehrere Wochen, und dies mit einem fächerübergreifenden, projektartigen Ansatz. Überhaupt wird hier kein fertiges Arbeitsmaterial verwendet, etwa Schulbücher mit festgelegten Lernschritten, sondern die Schülerinnen und Schüler sollen, soweit möglich, den Stoff eigenständig bearbeiten – eine wichtige Selbsterprobung. Diese pädagogische Praxis finden auch viele Nicht-Anthroposophen überzeugend und wirklichkeitsnah; der Physiker Harald Lesch etwa hat für eine „Waldorfisierung" unserer Schulen plädiert.

Eine weitere Besonderheit liegt darin, dass die Waldorf-Pädagogik – außer den Inhalten des Unterrichts – auch die persönlich-menschliche Seite der Erziehung tief ernst nimmt. Sie versteht eine Schulklasse nicht als beliebige Gruppe etwa Gleichaltriger, denen eben dann einige Lehrer zugeteilt werden; vielmehr möge da, so Steiner, eine „Gesinnung des Zusammengeführtseins" walten: Man geht einen längeren Weg gemeinsam, auch mit demselben Klassenlehrer über viele (bis zu acht) Jahre. Nur so seien die Erziehenden in der Lage, als „Seelenkenner" wirklich das einzelne Kind zu verstehen und zu fördern.

Darin liegt zweifellos eine außerordentliche pädagogische Verantwortung. Wer möchte von sich behaupten, dieser hohen Aufgabe ohne weiteres gerecht werden zu können? Jede Erziehung bedeute zunächst einmal *Selbst*erziehung, meinte denn auch Rudolf Steiner.

Dass all dies im schulischen Alltag nicht immer voll gelingen mag, ist klar. Aber es ist der große und berechtigte Maßstab. – Eine Herausforderung sind auch andere Aspekte der Waldorf-Kultur, etwa die Idee einer selbstverwalteten Schule. „In einer wirklichen Lehrer-Republik werden wir nicht hinter uns haben Ruhekissen, Verordnungen, die vom Rektorat kommen", so Steiner 1919. „Jeder muss selbst voll verantwortlich sein." Das kann im Einzelfall anstrengend werden. Es bietet aber auch die Chance zu einer freien, authentischen, menschlichen Pädagogik.

Welches Steiner-Buch eignet sich als Einstieg?

Selbstverständlich lässt sich diese Frage durchaus unterschiedlich beantworten. *Eine* mögliche Antwort: die *Theosophie.* Dieses schmale Buch von 1904 gibt eine kurze *Einführung in übersinnliche Welterkenntnis und Menschenbestimmung* (so der Untertitel). Steiner beschreibt hier in einer sehr klaren Sprache das Ineinanderwirken der körperlichen, seelischen und geistigen Wesenheit des Menschen, eingebettet in seine Sicht von Reinkarnation und Karma.

Wer einen eher persönlichen, meditativen Zugang sucht, könnte zu einem wenig später erschienenen Buch greifen: *Wie erlangt man Erkenntnisse der höheren Welten?* Hier geht es zunächst um die mentale Grundhaltung, eine Stimmung der „Devotion", die laut Steiner am Anfang einer tieferen Entwicklung stehen sollte; und es geht dann um eine ausdauernde, das ganze Leben umgreifende innere Bemühung, um „Seelenübungen", durch die wir uns auf eine reifere und sinnvollere Weise in die Welt hineinstellen können.

Als Steiner einmal selbst von einem seiner Schüler unbekümmert gefragt wurde, was denn in ferner Zukunft von seinem Werk bleiben werde, nannte er übrigens ein anderes Buch: *Die Philosophie der Freiheit*, die er schon mit 33 veröffentlicht hatte (1894). Es war der Versuch, auf einem rein gedanklichen Weg den Zugang zum „Geistgebiet" zu öffnen; Begriffe wie Astralleib oder Karma tauchen da noch gar nicht auf.

Manche Anthroposophinnen und Anthroposophen werden auch unter den vielen mitstenografierten Vortragszyklen einen Favoriten haben. Persönliches Votum: GA 258 (= Gesamtausgabe Band 258) mit dem sperrigsten aller denkbaren Titel: *Die Geschichte und die Bedingungen der anthroposophischen Bewegung im Verhältnis zur Anthroposophischen Gesellschaft.* Gleich im ersten Vortrag spricht Steiner über „heimatlose Seelen", Menschen, die sich in den üblichen Weltverhältnissen im Grunde innerlich fremd fühlen. Manche unter ihnen leben sogar gesellschaftlich durchaus integriert, zugleich aber mit der ständigen Empfindung, dass etwas Entscheidendes in ihrem Leben nicht zu seinem Recht kommt. So sind sie innerlich Suchende, oft ohne das Ziel der Suche überhaupt genau benennen zu können. Das macht natürlich das Leben nicht gerade einfacher. Manchen unter ihnen erscheint irgendwann die Anthroposophie als eine aufschlussreiche Möglichkeit, solche und andere Lebenslagen zu interpretieren.

Universaler Geist oder Dilettant: Wollte Rudolf Steiner zu allem etwas sagen?

Steiner, der Vielwisser: So mag sich das von heute aus darstellen. Aber zunächst sollte man sehen, dass er eigentlich – ganz im Gegenteil – extrem eng und fokussiert anfing: Seine frühen Werke, von *Wahrheit und Wissenschaft* bis zur *Philosophie der Freiheit*, konzentrieren sich ganz auf grundlegende Erkenntnisfragen und sind rein philosophisch angelegt.

Erst mit den Jahren arbeitete sich Steiner in immer neue Themenfelder vor. Nun sprach er über große geistesgeschichtliche Zusammenhänge, er versuchte den Weg der Menschheit von den alten Mythen und Religionen bis zur modernen Naturwissenschaft zu erhellen und skizzierte schließlich auch bestimmte Folgerungen für die Praxis. All das, wofür Steiner heute am bekanntesten ist – von den Waldorfschulen bis zur anthroposophischen Landwirtschaft – hat er im Grunde erst in seinen letzten Lebensjahren auf den Weg gebracht. Dennoch liegt es voll in der Logik des anthroposophischen Ansatzes: nicht nur ein neues Weltbild, sondern eine viel umfassendere kulturelle Veränderung anzuregen.

Während seine Kritiker oft den Kontrast zwischen Steiners Frühwerk und seinem Spätwerk betonten und ihm vorwarfen, er habe sich höchst widersprüchlich entwickelt, meinte er: „Ich bewegte mich so vorwärts, dass ich zu dem, was in meiner Seele lebte, neue Gebiete hinzufand."

Impulsgebend waren dabei übrigens fast immer bestimmte *Fragen*, die an ihn herangetragen wurden. In gewisser Weise reagierte er ständig auf das, was in seiner Umgebung als Problem aufgeworfen wurde, und er war wohl auch überzeugt, dass ein Geisteslehrer nie einfach bloß dozieren, sondern immer nur aus der Verbindung mit seinen Mitmenschen heraus wirken könne und sollte.

Überhaupt könnte man sagen, dass es im heutigen Blick auf Steiner eine Schieflage gibt. Fast alle – Anhänger wie Gegner – sehen vor allem die sozusagen *spektakulären* Seiten seines Werkes: seine Aussagen über schwierigste Fragen, von der Karma-Erkenntnis bis zur therapeutischen Wirkung von Meteoritenstaub. Viel weniger Beachtung finden seine ganz bodenständigen Hinweise zum inneren Schulungsweg und zu einer bewussten, ausgewogenen persönlichen Entwicklung. An deren Anfang stehen eben nicht Erleuchtung oder Hellsehen, sondern „innerste menschliche Bescheidenheit“ und eine konditionsstarke Arbeit an sich selbst. Steiner: „Nicht tumultuarisch ist dieser Weg“. Vielleicht ist er darum auch nicht recht beliebt.

War Steiner Rassist?

In der Tat gibt es bei Steiner – sehr verstreut in seinem Werk – hässliche, abwertende Aussagen etwa über Afrikaner oder über die Ureinwohner Amerikas. Manche seiner Kritiker sehen die Gefahr solcher Wertungen schon in seinem Entwicklungsdenken angelegt. Tatsächlich ging Steiner davon aus, dass es im Entwicklungsgang der Menschheit eine Art Richtung gibt, dass einzelne Kulturen dabei zu gewissen Zeiten pionierhaft waren (etwa die indische, jüdische oder griechische), dass es aber auch kulturelle Niedergänge gibt, mitunter auch notwendige Verzögerungen oder produktive Seitenwege. Ein solches Geschichtsverständnis tendiert zweifellos zu Hierarchisierungen und zu Wertungen, im positiven wie im negativen Sinn. Letzteres zum Beispiel, wenn Steiner bestimmte Kulturen als dekadent oder überlebt bezeichnet. Verdächtig auch, dass er der europäischen, zumal der mitteleuropäischen Kultur für unsere Epoche eine besonders zukunftsweisende Rolle zuschreibt; in der nächsten Epoche werde diese Rolle der slawischen Kultur zufallen.

An sich war ein solches Denken in Kategorien von „Fortschritt“ und „Rückständigkeit“ gerade seit dem 19. Jahrhundert weit verbreitet. Man findet es in unterschiedlicher Form bei fast allen Autoren, von Karl Marx, der nationale Minderheiten wie Basken und Bretonen als „Völkerabfälle“ bezeichnete, bis zum vielbewunderten „Urwalddoktor“ Albert Schweitzer, der sehr herablassend über Afrikaner sprach.

Allerdings, selbst wenn man – bei ihnen wie bei Steiner – zeitbedingte Vorurteile und Eurozentrismen ausblendet, bleibt eine Grundsatzfrage: Will man behaupten, dass im Prinzip alle Völker und Kulturen zu jeder Zeit in ihrer Entwicklung und Eigenart quasi synchron waren? Damit würde man in ein belangloses Alle-entwickeln-sich-irgendwie ausweichen. Oder versucht man die *realen* Abläufe in ihrer ganzen Vielfalt in Ort und Zeit sichtbar zu machen? Dann wäre von außerordentlichen historischen Phasen zu sprechen (das alte Ägypten, die italienische Renaissance …), aber auch von Stagnationen und fragwürdigen oder gar katastrophalen Entwicklungen. Um klare Wertungen und Zuordnungen wird man im Einzelfall ohnehin nicht herumkommen. Mit Recht würde niemand den Holocaust diffus der ganzen Menschheit zuschreiben – nein, er war ein Produkt der deutschen Geschichte.

Steiner ging es offenkundig um ein solches prozesshaftes, ins Einzelne gehendes Verständnis der Menschheitsentwicklung. Man kann sehr wohl manche seiner Aussagen dazu falsch und manche Wertungen indiskutabel finden und doch die Grundidee einer vielschichtigen, konturenreichen historisch-geistigen Geschichtserzählung teilen. Steiner war eben immer ein Denker des Konkreten. Er sah wohl auch eine epochale Lernaufgabe darin: Unterschiede nicht zu verwischen, sondern zu klären und die Dinge durch Erkenntnis in eine bessere Richtung zu führen.

Man kann sich dem Thema noch von einer anderen Seite nähern. Ein zentrales Ziel rassistischer Ideologien ist stets eine Ordnung der Menschheit nach *ethnischen* Maßstäben: Jede Gruppe, jedes Volk soll sozusagen „für sich" bleiben. Charakteristisch für Steiner ist nun, dass er auch dieses Thema, wie eigentlich alles, *entwicklungs*mäßig fasst. So hätten Abstammungsgemeinschaften mit einer klaren Abgrenzung von Innen und Außen in frühen Menschheitsphasen ihre Bedeutung gehabt. Das drückte sich im Sozialen aus (Heirat möglichst in der eigenen Gruppe), aber auch im Geistigen: Jedes Volk hatte seine eigene Götterwelt. Schon die Universalreligionen wie das Christentum und der Islam erstrebten demgegenüber einen Übergang ins Menschheitliche (zumindest dem Anspruch nach wandten sie sich an *jeden* Menschen, unabhängig von Abstammung und Herkunft). In unserer Zeit schließlich gilt dies laut Steiner noch viel entschiedener: „Ein Mensch, der heute von dem Ideal von Rassen und Nationen und Stammeszugehörigkeiten spricht, der spricht von Niedergangsimpulsen der Menschheit."

Man stößt hier auf ein gedankliches Leitmotiv bei Steiner: Etwas, das zu einer bestimmten Zeit richtig und angemessen war, kann ins Negative, Reaktionäre umschlagen, wenn seine Zeit vorbei ist. (Überhaupt fasst er negative Kräfte niemals statisch-absolut, sondern als etwas, das nur in Ort und Zeit fehlplatziert ist. Ein Notizbuch-Eintrag: „Es gibt kein Böses. Das Böse ist nur ein versetztes Gutes.")

Anders gesagt: Für eine Gemeinschaftsbildung in unserer Epoche sollte nicht mehr die Herkunft bestimmend sein, auf die rassistische Ideologien fixiert sind, heute müssen andere Maximen in den Vordergrund treten. Steiner: „Die Menschheit mischt sich, um sich von geistigen Gesichtspunkten aus zu gruppieren." (Dies wäre wahrlich ein ungewöhnlicher Satz für einen Rassisten.)

Entsprechende Grundsätze galten und gelten selbstverständlich auch für die anthroposophische Bewegung selbst, in der nach Steiners Vorstellung Menschen ohne jeden Unterschied der Herkunft zusammenfinden sollten. Anders kann es letztlich auch nicht sein, angesichts der tiefen Orientierung der Anthroposophie am Individuum und seinen freien Entfaltungsmöglichkeiten. Die bewusste Emanzipation des einzelnen Menschen aus seinen Prägungen durch Abstammung und Sozialisation ist geradezu eines der Hauptthemen der Anthroposophie!

Insgesamt also: Ja, es gibt in Steiners Werk diskriminierende Äußerungen über bestimmte Kulturen und Völker. Man kann zwar ganze Vortragszyklen von ihm lesen, ohne auf solche Stellen zu stoßen, aber es gibt sie. In seiner Grundstruktur aber, in seiner ganzen Anlage und Blickrichtung, ist Steiners Denken menschheitlich und human orientiert. Es hatte schon seinen Grund, dass völkische Gruppen immer wieder seine Vorträge störten und dass Hitler schon 1921 in einem Artikel im *Völkischen Beobachter* Steiner angriff.

War Rudolf Steiner für seine Anhänger eine Art spiritueller Meister?

Ja, jedenfalls in dem Sinn, dass die meisten unter ihnen überzeugt waren (und sind), er verfüge über überlegene Einsichten, die auch für andere Menschen hilfreich und wegweisend sein können. Einen Führungsanspruch hat Steiner daraus allerdings nie abgeleitet. Seine „Mitteilungen" verstand er immer als etwas, das jeder Mensch selbst prüfen und in seiner Stimmigkeit erwägen möge. Er bitte darum, „nichts auf Autorität und Glauben hinzunehmen, was ich jemals gesagt habe und sagen werde".

Trotzdem hat sich schon zu seiner Zeit eine teilweise fragwürdige Verehrungshaltung um den „Doktor" gebildet, es sind dazu recht verzweifelte Äußerungen von ihm überliefert: „Was nützt es denn, wenn wir den Leuten immer wieder und wiederum sagen, wir seien keine Sekte, wenn wir uns so verhalten, wie wenn wir eine Sekte wären." Selbstverständlich galt das immer nur für einen Teil seiner Anhängerschaft.

4 Rudolf Steiner bei einem Vortrag 1914 in der „Schreinerei“ neben dem späteren Goetheanum. Es ist das einzige Foto, das ihn während eines Vortrags zeigt …

... Seine Zuhörerinnen und Zuhörer sitzen auf Bänken und Kisten, eine ungezwungene, fast studentische Atmosphäre.

Wie konnte Rudolf Steiner das alles wissen?

Sehr schwierig, darauf eine konkrete Antwort zu geben! Vielleicht könnte man so ansetzen: Wenn bestimmte grundlegende, zentrale Fähigkeiten erreicht sind, dann kann dies sehr wohl ein neues Licht auf ganz unterschiedliche Felder der Erkenntnis werfen. Um es in einem Bild zu sagen: Wenn ich mich über lange Zeit und unter großen Schwierigkeiten durch eine unübersichtliche Landschaft bewegt habe und dann eines Tages von einem Berg aus das Ganze überblicken kann, dann wird mir eben – fast wie auf einen Schlag – vieles klarwerden; manches, das ich „unten“ mühsam erforschen musste, und wohl auch manches, das gar nicht auf meinem Weg lag, aber von diesem Standort aus vollkommen deutlich vor Augen liegt.

Ist das dann ein „Wunder“? Oder ist es nicht die schlichte Folge einer günstigeren Erkenntnisposition? Diesen besonderen inneren Ort zu erreichen, ist im Grunde seit Urzeiten der Inhalt aller spirituellen Bemühungen und ist auch Inhalt dessen, wovon die

Anthroposophie auf neue Weise zu sprechen versucht. Und ja, es ist ein steiler Berg …

Eine andere Antwortmöglichkeit: Steiner hatte eine Begabung, über die im Prinzip jeder Mensch verfügt, in einem besonderen Maß und in größter Bewusstheit ausgebildet: die Begabung, sich in Dinge und Menschen hineinzuversetzen, sie gleichsam in ihrer inneren Gestalt zu „lesen". So konnte er – in einer Art tiefer Hingabe und Anverwandlung – in ungewöhnlicher Weise aus dem Wesen einer Sache oder eines Menschen heraus sprechen. Letzteres müssen wohl auch viele Menschen – nicht alle – in der Begegnung mit ihm erfahren haben; anders wäre die Ausstrahlung dieses eher leisen Geisteslehrers kaum erklärbar.

Manche spirituell versierten Menschen werden vielleicht auch eine kürzere Antwort geben: Steiner konnte so vieles wissen, weil er ein hoher *Eingeweihter* war. Das ist natürlich ein Begriff, der in unserer Zeit kaum noch verständlich ist und dem einiges Misstrauen entgegenschlägt. Manche werden es wohl überhaupt problematisch finden, bestimmten Menschen „höhere" Einsichten zuzuschreiben. Aber tun wir das nicht im Alltag in gewisser Weise ständig?

Kennt nicht jeder in seiner Umgebung Menschen, deren Weltsicht einem fundierter, interessanter und eigenständiger erscheint als die vieler anderer? Man wird solchen Menschen deswegen noch lange nicht blind folgen, ihnen aber doch – aus guten Gründen! – aufmerksam zuhören. Etwa so, um etliche Grade verstärkt, erlebten und erleben wohl viele Menschen Rudolf Steiner.

Problematisch würde die Sache nur, wenn aus solchen Erkenntnisdifferenzen ein Herrschaftsanspruch abgeleitet oder wenn eine Art Unfehlbarkeit beansprucht würde. Beides hat Steiner immer scharf abgelehnt. „Da werden gewiss mancherlei Irrtümer drinnen sein“, sagte er über die von ihm initiierte Geistesforschung. Und überhaupt: „anregen möchte ich, nicht überzeugen“.

Berliner Bilder

XI.

Nach Tisch

„Wahnsinnig, heute noch Walzer zu tanzen!" — „Picasso soll auch nicht mehr kubisch malen." — „Einstein hält fest an seiner Formel." — „Aber den Arbeitern sollte man helfen, Vorträge halten und so." — „Übrigens, waren Sie bei Rudolf Steiner?" — „Aber, Kinder, zu Dombrowski müßt ihr gehen! Die neuen Sommermodelle: blendend!" — — —

5 Ein Partygespräch 1922. Rudolf Steiner war, neben anderen bekannten Zeitgenossen, bereits damals ein viel diskutiertes Phänomen (aus der Satirezeitschrift *Simplicissimus*)

Was ist dran an den Nationalismus-Vorwürfen gegen Steiner?

Nicht viel. Da werden in der Regel zwei Dinge verwechselt.

Das eine: Ja, Steiner war überzeugt, dass die mitteleuropäische und gerade auch die deutsche Kultur eine Art Aufgabe in der Welt habe. Mit ihrem Zug ins Geistige, wie er etwa in großen philosophischen Vorstößen zum Ausdruck kam, mit ihrem ausgeprägten Interesse an Fragen innerer Entwicklung, gelegentlich auch ihrer Weltfremdheit, hätte sie der notwendige Gegenpol zu den pragmatisch-nüchternen Talenten insbesondere der angelsächsischen Welt sein können. Tatsächlich lebten ja die Deutschen, während die Briten schon ihr Weltreich aufbauten, noch in verschlafenen kleinen Fürstentümern. Letztlich aber, so Steiner, hätten die Deutschen ihre eigentliche, tiefere Rolle nicht erkannt und ergriffen und seien (nach der Reichseinigung 1871) ebenfalls auf die Bahn äußerer Machtentfaltung gegangen. „Die Deutschen sind daran zugrunde gegangen, dass sie es auch mitmachen wollten mit dem Materialismus, und weil sie kein Talent haben zum Materialismus." So Steiner schon mehr als ein Jahrzehnt vor Hitlers Machtübernahme. Er hatte eben einen Blick dafür, dass ein Verkennen der eigenen Aufgabe in einen inneren Niedergang führt; und letztlich auch (nach seinem Tod) in die äußere Katastrophe.

Damit wird also die andere Seite deutlich: So bedeutsam Steiner den geistigen Impuls aus der deutschen Kultur fand – als „Sauerteig" für Europa –, so verhängnisvoll erschien ihm dessen machtstaatliche Ausprägung. Er war, im historischen Kontext gesehen, ein deutlicher *Kritiker* eines deutschen Nationalismus.

Noch grundsätzlicher: Steiner wandte sich überhaupt gegen ein (für Nationalisten typisches) Staatsverständnis auf ethnisch-„völkischer" Grundlage. Dass es auch anders geht, hatte er selbst im alten Österreich-Ungarn noch erlebt, wo zahlreiche Völker mit einem Dutzend unterschiedlicher Sprachen unter einem staatlichen Dach lebten. Dieses passable und vergleichsweise tolerante Modell wurde gerade durch den aufkommenden Nationalismus blutig zerstört:

Jetzt beanspruchte jedes Volk „seinen“ Staat, was angesichts gemischter Bevölkerungen nichts anderes bedeutet als Krieg und Vertreibung (bis hin zu den Jugoslawien-Kriegen der 1990er-Jahre).

Steiner trat demgegenüber für ein Staatsverständnis ein, das sich – von ethnischen Zugehörigkeiten gelöst – auf ein freies und gleiches Zusammenleben der Menschen gründet. Zukunftsweisend! In einer globalisierten Welt sind humane Gesellschaften gar nicht anders möglich.

War Steiner Antisemit?

Um dies zu behaupten, muss man die Dinge schon sehr verdrehen. Bereits mit zwanzig reagiert er spontan empört auf die antisemitischen Töne in einem Buch des Philosophen Eugen Dühring. Zwei Jahrzehnte später engagiert er sich im „Verein zur Abwehr des Antisemitismus". Er kritisiert die „abgestandenen Plattheiten" der Antisemiten und registriert „mit Schaudern" ihren kulturellen Einfluss. Allenfalls kann man sagen, dass Steiner in seinen frühen Jahren den Antisemitismus eher als hässliche Zeiterscheinung sah und – wie fast alle – dessen mörderische Dynamik unterschätzte.

Als Beleg für Steiners Antisemitismus wird oft eine in der Tat drastische Passage zitiert, die er 1888, mit 27, im Kontext einer Theaterkritik schrieb. Darin attestierte er dem Judentum, es habe sich „längst ausgelebt", und dass es sich dennoch erhalten habe, sei „ein Fehler der Weltgeschichte". Zu verstehen war dies aber selbstverständlich nicht (wie bei den Antisemiten) als negative Charakterisierung jüdischer Menschen, sondern als eine Art gesellschaftliches Statement: Das Judentum als weitgehend abgeschlossene Gemeinschaft, die sich möglichst nicht mit der übrigen Bevölkerung vermischen solle, sei nicht mehr zeitgemäß. Es war die Forderung nach *Assimilation*, wie sie auch von vielen Juden damals verfochten wurde. Die meisten unter ihnen wandten sich konsequenterweise auch gegen den damals aufkommenden Zionismus, also das Streben nach einem eigenen „Judenstaat". Ihre Vorbehalte teilte auch Steiner.

Allerdings, ein Aspekt ist zu ergänzen, der in den heutigen Diskursen schwer zu besprechen ist; er führt in tiefe geistesgeschichtliche Zusammenhänge. Steiner sprach dem frühen biblischen Judentum mit seinem strengen, bilderlosen Monotheismus eine bedeutende Rolle in der menschlichen Bewusstseinsentwicklung zu, etwa bei der Ausbildung einer Abstraktionsfähigkeit, die Fernwirkungen bis zur modernen Wissenschaft habe. Zugleich aber sah er im Auftreten Christi etwas menschheitlich völlig Neues, eine Wendung ins tief Persönliche, die über das frühe Judentum (und auch über die antiken Weisheitslehren) hinausführte. – In solchen Gedanken kann man eine

Wiederkehr christlicher Überlegenheitsvorstellungen sehen – oder eben die Einsicht in komplexe menschheitliche Entwicklungsprozesse, weit jenseits aller konfessionellen Zuordnungen. So sahen es offenkundig auch die zahlreichen jüdischen Anthroposophinnen und Anthroposophen.

Wie verhielten sich die Anthroposophen in der Hitlerzeit?

Das ist eine komplexe Geschichte. Rudolf Steiner war schon vor Beginn der NS-Zeit gestorben, Leiter der deutschen Anthroposophen war zu dieser Zeit Hans Büchenbacher. Er war nach Nazi-Kategorien „Halbjude“ und gab sein Amt auf, um die Anthroposophie aus der ideologischen Schusslinie zu nehmen. Aber es half nichts, 1935 wurde die Anthroposophische Gesellschaft verboten.

Bemerkenswerte Episode: Mehrfach schickten die Nazis Gutachter los, um zu sondieren, ob es nicht doch ideologische Brücken zwischen ihrer Weltanschauung und der Anthroposophie geben könne. Das Ergebnis war immer negativ. Leider, so die NS-Prüfer, lehnten die Anthroposophen den zentralen „Gedanken von Blut, Rasse, Volk“ ab, ebenso die „Idee vom totalen Staat“; Waldorfschulen mit ihrer freien Selbstorganisation seien eine „ungeheure Gefahr“ für den Aufbau einer stramm nationalsozialistischen Erziehung; und überhaupt habe schon Rudolf Steiner statt vom „Volk“ ständig von der „Menschheit“ gesprochen. Man sagt es nicht gern, aber die Nazis hatten die Sache besser verstanden als viele heutige Steiner-Kritiker.

Zur Wahrheit gehört allerdings auch: Die Stimmung der ersten Hitler-Jahre, der vermeintliche große nationale Aufbruch, erfasste auch viele Anthroposophen. Auch bei ihnen, berichtet Hans Büchenbacher, gab es viele NS-Sympathisanten. Es gab sogar einen biodynamisch orientierten Anthroposophen, der im KZ Dachau einen pflanzlichen Versuchsgarten betrieb. Andere Anthroposophen saßen zur gleichen Zeit selbst im KZ. Einige unter ihnen, die einen jüdischen Hintergrund hatten, wurden ermordet. So der Komponist Viktor Ullmann, die Geigerin Alice Wengraf und das Malerpaar Hilde Kotanyi und Richard Pollak – beide waren jahrelang an der künstlerischen Gestaltung des ersten Goetheanums in Dornach beteiligt gewesen.

Wie steht die Anthroposophie zu behinderten Menschen?

Das tiefe Interesse am jeweiligen Individuum, das die Anthroposophie charakterisiert, zeigt sich auch und gerade dort, wo es um Menschen mit bestimmten Einschränkungen oder Behinderungen geht. So forderte Steiner auch – damals ganz ungewöhnlich – einen Namen zu finden, der diese Menschen „nicht gleich abstempelt". Seine Mitarbeiter sprachen daher von Anfang an von „Seelenpflege-bedürftigen" Kindern bzw. Erwachsenen und lenkten den Blick weg vom Defizit zum Bedarf.

Bezeichnenderweise erkannte Steiner auch viel früher als andere die Gefahren durch die Eugenik, also durch Programme zu einer genetischen Verbesserung der Menschheit, die damals weithin als progressiv galten. Aus Sicht dieser Eugeniker waren Behinderungen nichts als eine Fehlleistung der Natur, die zu eliminieren war. „Begonnen hat ja nach dieser Richtung Verschiedenes", sagte Steiner mit Blick auf den großen Eugenik-Kongress in London 1912. Er warnte vor den Folgen, wenn aus solchen Theorien soziale Praxis werde: „Und da wird kaum die erste Hälfte dieses Jahrhunderts zu Ende gehen, ohne dass auf diesen Gebieten dasjenige geschieht, was für den Einsichtigen ein Furchtbares ist." So Steiner 1917.

Die anthroposophische Medizin und Heilpädagogik versuchte eine humanere Praxis zu verwirklichen. Eines der bekanntesten Beispiele ist der Kinderarzt und Anthroposoph Karl König. Wegen seiner jüdischen Herkunft musste er nach dem deutschen Einmarsch 1938 aus Wien fliehen und gründete in Schottland die wegweisende Camphill-Bewegung. Jedes Kind, so König, „ist unser Bruder und Schwester". „Und wie sehr auch seine Individualität verdeckt sein mag durch viele Schichten des Unvermögens, der Gelähmtheit, von unkontrollierten Gefühlen, wir müssen trotzdem versuchen, durch diese Schichten durchzubrechen, um das Heiligste jedes Menschen zu erreichen ..."

Eine filmreife Geschichte ist die des Anthroposophen Hubert Bollig. Er hatte bei Karlsruhe ein Heim für „schwer erziehbare" Kinder gegründet. Als es mit Kriegsbeginn 1939 geräumt werden musste, konnte er 33 der 40 Kinder bei deren Verwandten unterbringen. Dann begann mit den übrigen sieben eine Odyssee; ohne festen Wohnsitz zog die kleine Gruppe mitten in der Hitlerzeit durch den Schwarzwald und den Bodenseeraum. Als Bollig weitere fünf Kinder in andere Obhut geben konnte, blieben zwei, die durch die T4-Euthanasie-Aktion der Nazis bedroht waren. Für eines davon fand er ein Heim in der sicheren Schweiz. Es blieb der junge Otto Nicolai, mit Down-Syndrom. Für ihn organisierte Bollig ein ärztliches Gutachten, das ihn als unentbehrlichen Helfer für seine gehbehinderte Frau auswies. Bollig musste noch einige Wochen Gestapo-Haft überstehen, kam aber wieder frei. Der bei den Bolligs lebende Junge überlebte die NS-Zeit, er starb 1980.

Heute gibt es, auf viele Länder verteilt, mehr als siebenhundert Einrichtungen der anthroposophischen Heilpädagogik und Sozialtherapie. Sie versuchen ihren Bewohnerinnen und Bewohnern ein menschlich verlässliches, gut strukturiertes, anregungsreiches Zuhause zu bieten, soweit möglich auch mit Einbindung in bestimmte Arbeitsfelder. Und eben getragen von einem Geist, der *alle* Menschen mit ihren besonderen Eigenschaften in ihrem ureigenen Wesen zu sehen und zu fördern versucht.

Damit gehören diese Einrichtungen zu den kraftvollsten Orten, an denen eine gelebte Humanität erfahrbar wird. Manche Außenstehende, die damit persönlich in Berührung kamen, wurden zu starken Unterstützern des anthroposophischen Impulses, auch mit bedeutenden Stiftungen. Man könnte auch eine Geschichte der Anthroposophie nur unter dem Gesichtspunkt der Dankbarkeit schreiben.

Was ist der Sinn der Eurythmie?

Den Ur-Impuls der Eurythmie kann man vielleicht an einer kleinen Szene ablesen, die sich im Jahr 1908 in Hamburg abspielte. Nach einem Vortrag über das Johannes-Evangelium stellte Rudolf Steiner der russischen Künstlerin Margarita Woloschin die scheinbar bizarre Frage, ob sich das, worüber er eben gesprochen habe, nicht auch *tanzen* ließe. Sie meinte: ja, griff aber die Anregung nicht weiter auf. So dauerte es noch eine Weile, aber seit 1912 wurde tatsächlich eine solch neue „Raumbewegungskunst" entwickelt. Maßgeblich daran beteiligt waren zunächst die junge Lory Smits, die „erste Eurythmistin", und Marie von Sivers, Steiners enge Mitarbeiterin und Lebensgefährtin. Auf sie geht auch die Bezeichnung „Eurythmie" zurück.

Eurythmie ist kein Tanz im gängigen Sinn; allenfalls kann man sie in der Tradition *sakraler* Tänze sehen, etwa des griechischen Tempeltanzes. Ziel ist auch nicht, dass der tanzende Mensch (wie es den heutigen Mentalitäten entspräche) seine aktuellen

6 Die Bewegungskunst der Eurythmie wird heute sowohl auf der Bühne als auch im pädagogischen und therapeutischen Bereich eingesetzt.

Empfindungen und spontanen Impulse zum Ausdruck bringt, Ziel ist sozusagen etwas Objektives: in der menschlichen Bewegung eine tiefere Wirklichkeit sinnlich anschaubar zu machen. Steiner nannte die Eurythmie auch eine „sichtbare Sprache“, indem sie dasjenige auf den ganzen Körper überträgt, was sich sonst an unsichtbaren Bewegungen beim Sprechen vollzieht und was empfindungsmäßig in Lauten und Buchstaben lebt. Entsprechend werde sich dies auch „für die verschiedenen Sprachen verschieden gestalten, weil die verschiedenen Sprachen aus verschieden geartetem Empfindungsleben hervorgehen". Eurythmie kann aber auch „sichtbarer Gesang" sein, wenn ein Musikstück „eurythmisiert" wird. Choreographien wurden seinerzeit zum Beispiel für Gedichte von Goethe und Puschkin und für den zweiten Satz von Beethovens 7. Symphonie entwickelt.

In Steiners Verständnis ist die Eurythmie etwas Neues und zugleich Uraltes. Alles Sprechen sei ursprünglich Bewegung und Gebärde gewesen (was bis heute nachwirkt, wenn wir unsere Worte mit Mimik und Gestik begleiten). Und diese Einheit von Inhalt und Bewegung sei auch sinnvoll, weil ein bloßes Sprechen in Wörtern und Begriffen niemals ausreichen könne, um der lebendigen Wirklichkeit der Welt gerecht zu werden. Wo sonst Mund und Kehlkopf sprechen, spricht in der Eurythmie der ganze Mensch.

Dies kann – das liegt auf der Hand – auch eine heilsame, therapeutische Wirkung haben. Aus dieser Einsicht ging die *Heil*eurythmie hervor.

Auch die *pädagogische* Bedeutung erschließt sich sofort, wenn es um eine ganzheitliche, nicht nur verstandesmäßig-kognitive Erziehung geht. So wurde die Eurythmie schon bei der Gründung der ersten Waldorfschule 1919 Unterrichtsfach, und sie ist es bis heute. – Nicht von allen geliebt, das ist wahr. Dies mag ein Zeichen für mögliche Schwächen der pädagogischen Umsetzung sein, aber es ist wohl auch ein Symptom für eine tief widersprüchliche Zeit: für eine verkopfte Epoche, die förmlich nach dem Sinnlichen und Seelischen schreit, es aber dort, wo es ihr begegnet, oft verspottet und veralbert.

Was unterscheidet Theosophie und Anthroposophie?

Als „theosophisch“ werden manchmal auch schon ältere Strömungen der jüdischen und christlichen Mystik bezeichnet, etwa die tiefgründige Weltschau des Görlitzer Schusters Jakob Böhme. Ein neuer Schritt war dann aber die Gründung einer *Theosophical Society* 1875 in New York, maßgeblich initiiert von der aus einer deutsch-russischen Familie stammenden Helena Blavatsky. Sie versuchte, das alte Weisheitsgut der Menschheit in der Moderne wieder lebendig zu machen, wobei sie sich schon bald – und mit den Jahren zunehmend – an indischen Traditionen orientierte. Rudolf Steiner verkehrte schon als junger Mann in Wien Ende der 1880er-Jahre in einem theosophischen Kreis, er blieb aber damals letztlich auf Abstand.

Dies änderte sich Jahre später, nachdem er im Jahr 1900 einen ersten Vortrag in der „Theosophischen Bibliothek“ in Berlin gehalten hatte, dem bald weitere folgten. Trotz mancher Vorbehalte hatte Steiner die

Empfindung, in diesen Kreisen auf eine gewisse Offenheit für seine geistigen Gesichtspunkte zu treffen, mit denen er sonst weithin auf taube Ohren stieß. Schon zwei Jahre später wurde er Generalsekretär der damals gegründeten deutschen Sektion der Theosophen, auch in engem Austausch mit den führenden Persönlichkeiten der *Theosophical Society* in London und am Hauptsitz im indischen Adyar.

Mit der Zeit aber kam es zu Spannungen. Aus Steiners Sicht pflegte die Führung der Theosophen eine einseitige Spiritualität, die die Bedeutung der mitteleuropäischen Traditionen übersah und die auch – im Grunde rückwärtsgewandt – kein sinnvolles Verhältnis zum naturwissenschaftlichen Wesenszug der Epoche finden konnte. Außerdem, so seine Wahrnehmung, verkannten viele Theosophen das Wesen des „Christus-Ereignisses", das in Steiners Verständnis nicht als Begründung einer bestimmten Religion zu begreifen war, sondern eine menschheitliche, ja kosmische Bedeutung hatte. Als schließlich die Theosophen-Spitze einen jungen Inder, Jiddu Krishnamurti, zu einer Art Weltenheiland ausrief, kam es 1912 zum Bruch und zur Gründung einer eigenständigen Anthroposophischen Gesellschaft.

7 Der Goetheanum-Bau in Dornach will Anthroposophie sichtbar in die Welt stellen. Dieses „erste“ Goetheanum wurde bei einem Brand an der Jahreswende 1922/23 zerstört.

8 Das heutige „zweite“ Goetheanum – unter anderem ein Ort von Tagungen, Vorträgen, Theater-, Opern- und Eurythmie-Aufführungen.

Warum haben die Anthroposophen ihren Hauptsitz in der Schweiz?

Als 1912/13 eine eigenständige Anthroposophische Gesellschaft gegründet war, schien sich zunächst *München* als deren Zentrum zu etablieren. Aber die dortigen Bauvorhaben scheiterten am Widerstand von Anliegern und Behörden. So wurden die Pläne in Dornach in der Nähe von Basel verwirklicht. Schweizer Anthroposophen hatten das auf einem Hügel liegende Grundstück zur Verfügung gestellt.

Dort entstand ein ganzes Ensemble an Gebäuden, in der Mitte das „Goetheanum", ein aus Holz errichteter Bau mit zwei ineinandergreifenden Kuppeln und eintausend Sitzplätzen. Es wurde bei einem Großfeuer in der Silvesternacht 1922 vernichtet, wohl durch Brandstiftung; der Fall wurde nie geklärt. Das „zweite" Goetheanum, in völlig neuen Formen aus Beton an gleicher Stelle gestaltet, steht bis heute. Es wurde noch von Rudolf Steiner entworfen und dann nach seinem Tod vollendet.

Was hatte Steiner gegen rechte Winkel?

Zunächst einmal ist zu sagen: Weiche, organische, naturnahe Formen in der Architektur waren zu Steiners Zeit nichts Ungewöhnliches. Es war die Epoche des Jugendstils, um 1900 entstanden beispielsweise auch schon die ersten jener reich ornamentierten Gebäude von Antoni Gaudí, die bis heute ein Besuchermagnet in Barcelona sind.

Dennoch stehen die Dinge bei Steiner in ganz anderen Zusammenhängen. Ihm geht es nicht um baulichen Dekor oder symbolische Botschaften und auch nicht um eine Bauweise, die Formen der Natur folgt, in der es, wie oft gesagt wird, keine rechten Winkel gebe. Aber es gibt sie in der Natur sehr wohl – man denke an Kristalle –, und es gibt sie auch in der anthroposophischen Architektur.

Ihr eigentlicher Hintergrund ist ein anderer. Sie versteht sich aus einer Beziehung zu seelischen und geistigen Kräften, die überall im Kosmos und auch im Menschen wirken. Der physische Raum, so Steiner, sei „durchaus nicht eine gleichgültige leere Räumlichkeit, sondern nach allen Richtungen von Kräften durchzogen“. Architektur sei „kristallisierter Raum“. Somit auch, je nach der geistigen Ausrichtung einer Kultur, in unterschiedlicher Weise kristallisiert. Steiner illustrierte das an den völlig unterschiedlichen baulichen Aussagen einer ägyptischen Pyramide, eines griechischen Tempels sowie romanischer und gotischer Bauten.

Entsprechend könne auch heute erstrebt werden, jeden Bau „zur richtigen Umhüllung für dasjenige zu machen, was in ihm gepflegt werden soll“. Das gilt für Zweckbauten – ein Wohnhaus, eine Schule, ein Kran-

9 Wandtafel-Zeichnung von 1921

kenhaus – und es gilt auch für den Zentralbau auf dem Dornacher Hügel, das Goetheanum. Hier sogar in einer radikal wandelbaren Gestalt, wenn man an den Unterschied zwischen dem ersten und dem zweiten Goetheanum denkt. – Steiners überaus anspruchsvolles Verständnis davon, was Architektur leisten solle, hinderte ihn allerdings nicht daran, die Dinge auch mal recht lässig auszudrücken. So nannte er das erste Goetheanum manchmal, echt österreichisch, einen „Gugelhupftopf", in dem die Anthroposophie „gebacken" werde, und malte gleich noch das passende Bild dazu.

Welche Rolle spielt der Gedanke von Wiedergeburt und Karma in der Anthroposophie?

Eine zentrale. Rudolf Steiner sah sogar eines seiner wichtigsten Anliegen darin, unserer Epoche einen Zugang zu diesem Thema zu öffnen. Zugleich ist es wohl der Aspekt, an dem seine Weltsicht am deutlichsten von der abendländischen Tradition abweicht. Zwar erwog schon Lessing, jeder Mensch könne „mehr als einmal" gelebt haben, auch bei Goethe gibt es Anklänge in diese Richtung; dennoch ist die Idee der Reinkarnation den abrahamitischen Religionen (Judentum, Christentum, Islam) fremder als etwa der indischen Tradition. Was indes nichts über ihre Richtigkeit aussagt. Auch von Amerika, so Steiner trocken, stehe nichts in der Bibel.

Im Kern ist die anthroposophische Sichtweise so: Es gibt nicht nur eine, sondern zwei Arten von Vererbungslinien. Zum einen ist da – heute allgemein anerkannt – die *physische* Vererbungslinie. Sie sorgt dafür, dass bei Tier und Mensch die Vorfahren zahlreiche Eigenschaften an ihre Nachkommen weitergeben. Dann ist da aber – heute kaum erkannt – noch eine zweite Vererbungslinie, nicht physisch, sondern *geistig* und somit nicht auf biologisch-genetischer Ebene nachweisbar. Es ist die geistige Entwicklungslinie einer bestimmten Individualität durch mehrere Verkörperungen hindurch, also quer durch die Zeiten und Kulturen. In gewisser Weise wird damit ein Evolutionsprozess, wie ihn Darwin für die sinnlich-physische Welt entdeckte, auch für die *übersinnlich-geistige* Ebene angenommen.

Anders gesagt: Kein Leben beginnt bei Null. Für die körperliche Ebene ist das ja ohnehin klar. Unser ganzer Organismus funktioniert nach biologischen Programmen aus unvordenklichen Zeiten, an die sich kein Mensch erinnern kann. Aber auch in unserer geistigen Gestalt – sagt Steiner – beginnen wir nicht bei Null, sondern tragen, ebenfalls unbewusst, Erfahrungen in uns, die aus früheren Leben stammen und die im jetzigen Dasein in neue Richtungen erweitert werden können. Auch da gibt es also eine Art Kausalität, die oft mit dem indischen Begriff *Karma* umschrieben wird, weil eben diese Idee dort zuerst formuliert wurde. „Meine Vergangenheit“, so Steiner,

„bleibt mit mir verbunden; sie lebt in meiner Gegenwart weiter und wird mir in meine Zukunft folgen. … Ebenso wenig wie der Mensch am Morgen neu geschaffen ist, ebenso wenig ist es der Menschengeist, wenn er seinen irdischen Lebensweg beginnt."

Selbstverständlich kann man mit einem Begriff wie Karma allerhand Humbug verbinden, so als läge darin eine unerbittliche Festlegung meines heutigen Daseins durch meine früheren Existenzen. Aber eigentlich besagt er nur, dass der Mensch, so wie er in seiner körperlichen Gestalt unendlich viel ins Leben mitbringt, auch in seiner geistigen Gestalt vieles mitbringt. Darin einen Skandal zu sehen, wäre so sinnlos wie die Beschwerde, dass man als Mensch keine Flügel zum Fliegen hat. Körperlich wie geistig muss ich mit bestimmten Voraussetzungen leben, und entscheidend ist, *wie* ich damit lebe. Ich werde sogar, je klarer ich diese Voraussetzungen erkenne, desto besser mit ihnen leben können. Man stößt da auf eine scheinbare Paradoxie: Im Annehmen von Karma entsteht Freiheit.

Betrachten die Anthroposophen Krankheit als Schicksal?

„Schicksal" ist nicht ganz der richtige Begriff, aber wahr ist schon, dass die Anthroposophie etwas anders auf Krankheiten schaut, als es heute üblich ist. Grob gesagt sieht sie in ihnen nicht bloß ein im Grunde zufälliges äußeres Geschehen, sondern denkt auch an tiefere Hintergründe.

In bestimmten Bereichen ist das ja auch heute selbstverständlich. Wenn ich im Alter Lungenprobleme bekomme und einst ein starker Raucher war, dann spricht manches dafür, da einen Zusammenhang zu sehen. Die Anthroposophie dehnt diesen Gedanken nur um die Kleinigkeit aus, dabei nicht nur im Rahmen *eines* Lebens zu denken, sondern auch Wirkungen aus früheren Leben in Betracht zu ziehen. Steiner sagt tatsächlich, dass sich ein Verhalten oder eine Verirrung in einem früheren Leben in einem späteren quasi körperlich ausprägen könne. Eigentlich so, wie auch beim Raucher ein Verhalten eine körper-

10 Das Gemeinschaftskrankenhaus in Herdecke war die erste anthroposophische Klinik in Deutschland. Heute wird hier medizinische Behandlung auf wissenschaftlichem Niveau mit integrativen Angeboten der Anthroposophischen Medizin verbunden.

liche Konsequenz haben kann. Was aber beim Raucher allgemein als logisch gilt, wird der Anthroposophie von ihren Kritikern als fatalistischer Unsinn ausgelegt. Einer ihrer Lieblingsvorwürfe lautet ja, Anthroposophen sähen überall nur Karma am Werk und fänden Krankheiten deshalb nicht weiter schlimm, weil sie ja die gerechte Strafe für frühere Sünden seien. Das ist nun eine primitive Verzerrung des Karma-Gedankens. Nirgends spricht Steiner im Zusammenhang mit Karma von Strafe. Im Übrigen bliebe dann auch ganz unbegreiflich, warum es überhaupt eine anthroposophische *Medizin* gibt! Diese setzt in Wirklichkeit alles daran, Leiden zu heilen oder wenigstens zu lindern.

Ohnehin haben alle anthroposophischen Ärztinnen und Ärzte auch die übliche medizinische Ausbildung durchlaufen. Sie kaprizieren sich keineswegs allein auf „Alternatives"; schon Steiner konstatierte, die moderne Medizin habe „ungeheuer viel getan für die Verbesserung der Gesundheitsverhältnisse". Nur versucht die Anthroposophie, gegenüber der stark somatisch orientierten heutigen Medizin größere Horizonte ins Auge zu fassen und die körperliche Ebene in einem umfassenderen Kontext zu sehen. Was überaus wohltuend auf die moderne Kultur ausstrahlen könnte. Denn deren Fixierung auf die physische Ebene ist letztlich ein reines Angst-Programm: Als körperliche Wesen werden wir *immer* verlieren, wir sind die „Sterblichen", wie es die alten Griechen so schön kurz und ungeschminkt sagten. Erst in einem größeren Bild kann der Mensch Frieden und Gelassenheit finden.

War Rudolf Steiner ein Impfgegner?

Teils, teils. Dass er kein absoluter Impfgegner war, zeigt sich schon daran, dass er während eines Pockenausbruchs in Berlin die Kinder in einem anthroposophisch ausgerichteten Hort impfen ließ, und sich selbst auch (unabhängig von der damaligen Impfpflicht im ersten und zwölften Lebensjahr). Andererseits war er tatsächlich überzeugt, dass die Auseinandersetzung mit Krankheiten für die menschliche Entwicklung bedeutsam sein kann und es falsch sei, möglichst jedes Leiden durch Impfung eliminieren zu wollen.

Im Einzelfall, wenn eine Impfverweigerung ins gesellschaftliche Abseits führt, war Steiner ganz pragmatisch: „Da muss man eben impfen. Die fanatische Stellungnahme gegen diese Dinge ist nicht das, was wir anstreben, sondern wir wollen durch Einsicht die Dinge im Großen anders machen." Grundsätzlich sei das Entscheidende, nicht nur die körperliche Seite zu sehen, sondern auch ihr „Gegenstück", also den Menschen „auch etwas für die Seele zu geben".

Allerdings: Tatsächlich sprach Steiner davon, eines Tages könne ein Impfstoff entwickelt werden, der den Menschen schon im Kindesalter die Neigung zum Spirituellen austreibe. Während der Corona-Pandemie gab es beträchtliche Kontroversen innerhalb der anthroposophischen Szene, weil einige bereits solche Tendenzen im Hintergrund sahen. Andere fanden die staatlichen Maßnahmen schlicht überzogen und befürworteten ein viel größeres Vertrauen in die Selbstverantwortung der Menschen. Wiederum andere teilten die zu dieser Zeit vorherrschende Expertenmeinung und hielten die staatliche Linie im Grundsatz für richtig.

War Steiner verheiratet?

Ja, zwei Mal. – Anna Eunike, seine erste Ehefrau, war in Weimar (1890 zog Steiner von Wien dorthin) zunächst seine Vermieterin gewesen. Sie war einige Jahre älter als er, war verwitwet und hatte mehrere Kinder. 1897 zogen Anna und er nach Berlin. Soweit man es etwa aus Briefen ablesen kann, die Steiner auf seinen Reisen an sie schrieb, war dies eine eher bodenständige, von beiden Seiten fürsorgliche Beziehung, in der seine geistigen und philosophischen Themen nur wenig berührt wurden.

Ganz anders war dies bei der etwas jüngeren Marie von Sivers, die er im Jahr 1900 bei seinen ersten Vorträgen im theosophischen Milieu kennenlernte. Sie wurde, als er 1902 Generalsekretär der deutschen Theosophen wurde, seine engste Mitarbeiterin, was auch zu Spannungen mit Anna und schließlich zur Trennung führte. Anna Steiner starb 1911, drei Jahre später heirateten Steiner und Marie von Sivers.

Marie Steiner-von Sivers war eine energische, welt-

11 Marie von Sivers (1867–1948) und Rudolf Steiner arbeiteten gemeinsam am Aufbau der Anthroposophie.

läufige, mehrsprachige Mitstreiterin bei der Verbreitung der theosophischen und später anthroposophischen Inhalte. Als gelernte Schauspielerin wirkte sie insbesondere bei der Entwicklung der Eurythmie und der Sprechkunst entscheidend mit. In gewisser Weise gab sie auch Steiners ins Fernste und Tiefste gehenden Geistigkeit und seiner schutzlosen Menschlichkeit eine Art Rückendeckung und pragmatische Ergänzung. Steiners fulminante Wirksamkeit in seinen beiden letzten Lebensjahrzehnten ist ohne sie nicht denkbar. – Kinder hatten Marie und Rudolf Steiner nicht.

Man könnte noch eine Reihe weiterer Frauen nennen, die eine bedeutende Rolle in seinem Leben spielten. Für den jungen Steiner etwa war Pauline Specht, deren vier Jungs er in Wien als Hauslehrer erzog, über Jahre eine wichtige persönliche und später briefliche Gesprächspartnerin. In den 1890er-Jahren stand er in einem intensiven Austausch mit der Schriftstellerin und späteren Frauenrechtlerin Rosa Mayreder.

Später, in seiner Dornacher Zeit, liebte er die Zusammenarbeit mit der englischen Bildhauerin Edith Maryon. Gemeinsam schufen sie das große Skulpturenensemble mit dem „Menschheitsrepräsentanten“ in der Mitte, das heute im Goetheanum zu sehen ist.

Gegen Ende seines Lebens schließlich verband ihn eine innige Beziehung mit der Ärztin Ita Wegman. Zeitweise sahen sie sich fast täglich. Aus den Gesprächen ging auch ein gemeinsames Werk über eine „Erweiterung der Heilkunst nach geisteswissenschaftlichen Erkenntnissen“ hervor, das nach Steiners Tod im Jahr 1925 erschien.

12 Die Ärztin Ita Wegman (1876–1943) begründete mit Steiner zusammen die anthroposophisch erweiterte Medizin.

13 Gemeinsam mit Edith Maryon (1872–1924) schuf Steiner aus Holz die Gruppe des „Menschheitsrepräsentanten", der sich zwischen zwei Versuchermächten behauptet.

War Rudolf Steiner Jude?

Nein. Seine elterliche Familie war katholisch, wenngleich er zumindest den Vater eher als Freigeist schildert, der kaum je zur Kirche ging.

Immerhin war der junge Rudi eine Zeitlang Messdiener in der Dorfkirche. Als ihn dies aber der Gefahr aussetzte, gelegentlich vom Pfarrer Prügel zu beziehen, griff der Vater sofort ein und schob der „Kirchendienerei" einen Riegel vor: „Du gehst mir nimmer hin."

Diese klaren Tatsachen hinderten Steiners Gegner nicht daran, später anderes zu behaupten, um ihm zu schaden. Schon 1908 verbreitete ein Jesuitenpater, Steiner sei in Wahrheit Jude. In den folgenden Jahren wurde dies von rechtsradikalen und völkischen Kreisen ständig wiederholt, weil es (in einer Zeit starker antisemitischer Stimmungen) ein wirkungsvolles Mittel war, um ihn zu diskreditieren. Steiner reagierte immer völlig souverän und antwortete sinngemäß: Wäre er Jude, wäre ihm dies auch recht, denn er lege in dieser Hinsicht „keinen Wert auf meine Abstammung“. Nur sei es eben sachlich falsch.

Man könnte es durchaus symptomatisch finden: Damals behaupteten Steiner-Gegner, er sei Jude; heute, wo diese Zuschreibung nicht mehr als Diffamierung taugt, wird ihm von manchen quasi das Gegenteil vorgeworfen und sie nennen ihn einen Antisemiten. Falsch ist beides. Es sind Unterstellungen, die einiges über Steiners ideologische Gegner aussagen, aber nichts über ihn selbst.

Warum gab und gibt es so viele jüdische Anthroposophen?

Darüber kann man nur spekulieren. Tatsächlich ist auffällig, dass schon viele Anthroposophinnen und Anthroposophen der ersten Generation einen jüdischen Hintergrund hatten. So der Ingenieur Carl Unger, der mit Marie von Sivers und Michael Bauer den ersten Vorstand der Anthroposophischen Gesellschaft bildete, die Prager Intellektuelle Berta Fanta, in deren Salon auch Franz Kafka verkehrte, der Naturwissenschaftler Ernst Lehrs oder der Kabbala-Forscher Ernst Müller.

Man könnte vermuten, dass sie als Angehörige einer oft diskriminierten Minderheit die menschheitliche, kosmopolitische Grundrichtung der Anthroposophie besonders zu schätzen wussten, also ihre übernationale Perspektive, die manche oberflächlichen Beobachter nicht sehen oder nicht sehen möchten. Ein anderer Grund könnte sein, dass Minderheiten häufig besonders aufgeschlossen sind gegenüber neuen, anspruchsvollen kulturellen oder wissenschaftlichen Entwicklungen. Auch an den damaligen Universitäten waren Juden, gemessen an ihrem Bevölkerungsanteil, deutlich überrepräsentiert.

Ebenfalls bemerkenswert: Bis heute gibt es kaum irgendwo eine solche Dichte an Waldorfschulen wie in Israel.

Wo stand Steiner politisch?

In die üblichen Kategorien war er kaum einzuordnen. Zeitweise nannte er sich einen „individualistischen Anarchisten". Über Jahre unterrichtete Steiner auch an der von Wilhelm Liebknecht gegründeten, stramm sozialistischen *Arbeiterbildungsschule* in Berlin.

Aber von den traditionellen sozialistischen Konzepten unterschied ihn doch viel. Vor allem hielt er deren Fixierung auf zentrale staatliche Lösungen für grundfalsch. Unserem Zeitalter mit dem in allen Menschen lebenden Verlangen nach Individualität und Freiheit sei das nicht mehr angemessen. Statt von staatlichen Großsystemen her zu denken müsse – umgekehrt – der Ausgangspunkt immer die freie Entfaltung der Menschen sein und die Frage, wie von hier aus Gemeinschaft entstehen kann.

An diesem Punkt kann die Anthroposophie leicht missverstanden werden, so als laufe ihre Orientierung am Individuum auf eine neoliberale Egoistenwelt hinaus oder jedenfalls auf einen sozial wenig interes-

14 Veranstaltungsplakat für einen Vortrag Steiners in Heilbronn 1919

sierten bürgerlichen Individualismus. Das Gegenteil ist der Fall. Solche Ego-Fixierungen sind nur der Ausdruck einer Kultur, in der das Individuum in Wirklichkeit übergangen und missachtet wird. Wo sich Menschen tatsächlich in ihrem Wesen und Tun anerkannt fühlen und entwickeln können, werden sie sich einander öffnen und zuwenden. Vielleicht liegt in diesem Gedanken die tiefste Vertrauensdimension der Anthroposophie: Freie Entfaltung wird die Menschen nicht auseinandertreiben, sondern zusammenführen. Sie wirkt, wie Steiner wieder und wieder ausführte, nicht antisozial, sondern sozial.

Das ist auch der Grund, warum er ein „freies Geistesleben" für so unermesslich wichtig hielt, also eine gesellschaftliche Atmosphäre, in der sich alles Menschliche möglichst frei ausdrücken kann und in der sich insbesondere alle Gesichtspunkte der Erkenntnis frei artikulieren können, unbeeinflusst durch staatliche Einwirkungen oder wirtschaftliche Interessen.

Die staatliche Ebene wäre dann nicht („anarchistisch") vollständig abzuschaffen, aber auf das Nötigste zu beschränken, ohne die heutige, immer tiefer ins Leben eingreifende Regulierungstendenz, die letztlich zu Passivität und zu einer schleichenden Entmündigung der Menschen führt. Auch den ideologischen Überbau des Nationalismus, wie er sich in allen neuzeitlichen Staaten entwickelte, hielt Steiner für längst überholt und sah ihn als Ausläufer alter kollektiver Sehnsüchte.

Im Wirtschaftlichen wiederum setzte er sich für *assoziative* Formen ein, die der unternehmerischen Initiative großen Raum lassen, aber Machtkonzentrationen und Abhängigkeitsverhältnisse verhindern, wie sie heute überall herrschen.

Erstens ein freies Geistesleben, zweitens eine nüchterne Ordnung der politisch-rechtlichen Ebene und drittens eine solidarisch gestaltete Wirtschaft – das nannte Steiner „soziale Dreigliederung“. Es ist – aus anthroposophischer Sicht – die noch kaum erkannte, aber unserer Epoche angemessene Weise, eine menschliche Gesellschaft zu gestalten.

War Steiner feindlich gegenüber der Technik eingestellt?

Nein. Diese Vermutung könnte daher kommen, dass manche Waldorfschulen den Ruf haben, eher technikfeindlich eingestellt zu sein; also nicht nur die (völlig berechtigte) Frage zu stellen, in welchem Alter und welchem Maß Kinder etwa digitale Medien nutzen sollten, sondern überhaupt eine Art Grundaversion gegen die technische Moderne zu pflegen.

Auf Rudolf Steiner könnten sie sich dabei allerdings nicht berufen. Er war an technischen Dingen höchst interessiert. Allen Erfindungen seiner Zeit – vom Telefon bis zu elektrischer Straßenbahn und Automobil, vom Dia-Projektor bis zu den ersten Radioapparaten – stand er aufgeschlossen und erstaunlich kenntnisreich gegenüber.

Dennoch, das ist richtig, ist es in der Anthroposophie ein wichtiges Thema, wie man als Mensch zu seiner Epoche steht, heute also insbesondere zum kühlen, analytischen, „technischen“ Geist der Moderne.

Grundsätzlich kann es dabei zwei problematische, einseitige Tendenzen geben. Die eine geht dahin, vor dieser Kälte der Epoche ausweichen zu wollen und sich quasi spirituelle Schutzräume zu suchen. Die entgegengesetzte Gefahr liegt darin, sich den technischen Möglichkeiten mehr oder weniger besinnungslos und bedingungslos auszuliefern. Das eine – die Flucht vor den Realitäten der Gegenwart – nannte Steiner „luziferisch"; das andere – diesen Realitäten zu verfallen – „ahrimanisch". Beides hielt er für Irrwege. Der Mensch, so Steiner, müsse sich unbedingt seiner Epoche auf ihrer vollen Höhe stellen, auch ihrem Materialismus, „der ja seine Berechtigung hat". Aber er müsse zugleich Kräfte in sich entwickeln, um diesen Herausforderungen standzuhalten und geistig gewachsen zu sein.

Konkreter heißt das: Wenn man in Teilen der Anthro-Welt mit Hochmut auf die schnöde Außenwelt blickt, aber, wie Steiner spitz anmerkte, „von dem, was außerhalb ist, nicht viel versteht" – dann ist das eben weltflüchtig, „luziferisch". Zugleich ist aber auch klar, dass sich die Anthroposophie den krassen Fehlentwicklungen unserer Epoche entgegenstellen muss. Sie *muss* ein Gegenpol sein, nur auf die richtige

Weise. Das ist ja ihr ganzer Sinn, innere Möglichkeiten lebendig zu halten, die heute wie gelähmt sind, eine Sprache zu finden für das, was in Sprachlosigkeit gesunken ist, und notwendige Entwicklungen anzubahnen, die heute noch kaum in Ansätzen gesehen werden. Noch in seinem letzten Lebensmonat notierte Steiner: „Der Mensch muss die Stärke, die innere Erkenntniskraft finden, um von Ahriman in der technischen Kultur nicht überwältigt zu werden."

Trotz aller Unzulänglichkeiten der anthroposophischen Bewegung – ihr Grundimpuls ist aktueller denn je. Und wenn unsere Zeit das gar nicht mehr erkennen kann, dann ist sie wohl schon in hohem Maß „überwältigt" worden. Letztlich, so Steiner, sei es so, „dass eine Anzahl von Menschen die Kraft aufbringen muss, der brandenden Woge des Materialismus wirklich sich mit allem Persönlichsten entgegenzustellen".

Ist die biodynamische Landwirtschaft eine anthroposophische Erfindung?

Ja. Der Ausgangspunkt war der sogenannte *Landwirtschaftliche Kurs*, den Rudolf Steiner über Pfingsten 1924 im schlesischen Koberwitz vor interessierten Landwirten hielt. Schon von Krankheit gezeichnet, sprach er in acht Vorträgen über die Einbettung der Landwirtschaft in große irdisch-kosmische Zusammenhänge, aber auch über konkrete Fragen etwa zu Anbaumethoden und Düngung. Er beleuchtete diese Themen unter völlig anderen Gesichtspunkten als dies in der damals aufkommenden industriellen Landwirtschaft üblich war, die vor allem auf Mechanisierung, ökonomische Rationalisierung und chemische Düngemittel setzte.

Schon während des Kurses gründeten einige Teilnehmer einen landwirtschaftlichen „Versuchsring“, um Steiners Anregungen praktisch weiterzuverfolgen. Und schon wenige Jahre darauf wurde der entsprechende Markenname *Demeter* registriert. Es ist der älteste Bioverband, dem heute in Deutschland, Österreich und der Schweiz weit über zweitausend Höfe angehören, dazu viele weitere in anderen Ländern. Der ägyptische Chemiker und Anthroposoph Ibrahim Abouleish wurde für die landwirtschaftliche und sozialkulturelle Pionierarbeit auf seiner *Sekem*-Farm 2003 mit dem alternativen Nobelpreis ausgezeichnet.

15 Die Sekem-Farm in Ägypten zeigt, wie der biodynamische Ansatz heute weltweit unter ganz verschiedenen Bedingungen erfolgreich umgesetzt werden kann. Mitarbeiter bei der Präparate-Herstellung.

Was unterscheidet die biodynamische Landwirtschaft von anderen Öko-Ansätzen?

Einiges. Gemeinsam ist etwa der Verzicht auf chemische Spritzmittel und den Einsatz gentechnischer Methoden. Ein Unterschied ist, dass andere Bio-Produzenten durchaus neben ökologischer auch konventionelle Landwirtschaft betreiben können. Demeter dagegen verlangt eine Umstellung des gesamten Betriebes. Das Ideal ist hier eine Kreislauf-Wirtschaft, zu der zwingend auch Tiere gehören, deren Mist für die Düngung verwendet wird. Und das Ideal ist vor allem eine andere Grundhaltung, die eine Anthroposophin einmal in die Worte fasste: dass man der Erde etwas *zurück*gibt.

Überhaupt sieht die anthroposophische Landwirtschaft ihre Arbeit in anderen und tieferen Bezügen. Die „Produktion" ist nur Teil eines größeren Bildes, und die stofflich-materiellen Aspekte, von Mineralgehalten bis zu Nährstoffen, werden nur als *eine* Ebene in einem viel größeren Kräftefeld verstanden. Das steht auch hinter den „vergrabenen Kuhhörnern", die oft erwähnt werden, um diese Art von Landwirtschaft lächerlich zu machen. Dabei handelt es sich um mit Kuhmist oder Kieselerde gefüllte Kuhhörner, die im Herbst vergraben werden, um über den Winter gewisse Kräfte der übersinnlich-geistigen Welt aufzunehmen. Im Frühjahr werden sie ausgegraben, und die Füllung wird – extrem verdünnt und stundenlang gerührt – auf den Äckern ausgebracht. Sozusagen Homöopathie auf dem Feld. Diese „Präparate" regen mikrobiologische Prozesse an, die wie ein Katalysator die Aufnahme von Nährstoffen aus dem Boden stimulieren.

Ein charakteristischer Aspekt anthroposophischer Landwirtschaft zeigt sich im Übrigen darin, das Kühe überhaupt Hörner entwickeln dürfen. Der barbarische heutige Standard ist ja, schon Kälbern die Hornknospen unter Betäubung auszubrennen, weil Hörner unter den gängigen engen Haltungsbedingungen Verletzungsrisiken bergen und überhaupt, wenn es nur um maximale Fleischproduktion geht, unnütz und sperrig erscheinen müssen. Hörner aber gehören in einem tiefen Sinn zu diesen Tieren! Sie bilden auch keineswegs, wie etwa menschliche Haare, schmerzunempfindliche Anhänge, sondern sie sind von Blut- und Nervenbahnen durchzogen und dienen sogar der Temperatur-Regulation (Tiere in heißen Gegenden entwickeln längere Hörner). Mutterkühe bilden mit jedem Kalb, das sie gebären, einen weiteren Hornring aus. Selbst im Sozialleben der Herde spielt dieses Thema eine zentrale Rolle. Wer wen mit den Hörnern wegdrücken kann, klärt die Rangordnung. Studien zeigen, dass die „Herdenruhe" in horntragenden Herden stabiler ist als unter enthornten Tieren. Und ob womöglich jenes ungewöhnliche Wort zutrifft, Hörner seien ein „Würdeorgan"? Es ist eine jener Aussagen, die die gängige Wissenschaft auch in tausend Jahren nicht wird belegen können; und von denen man doch schon heute empfinden kann, dass sie eine Wahrheit enthalten.

Wie stand Steiner zum Christentum?

Als junger Mann hat er sich gelegentlich radikal gegen die überlieferten Religionen geäußert. Alle Offenbarungsreligionen, schrieb er einmal, hätten „abgewirtschaftet". Später, nach eigenen tiefgreifenden Erlebnissen, sah er im „Mysterium von Golgatha", wie er es nannte, *das* Zentralereignis der Menschheitsgeschichte. Dies war auch *ein* Grund für die Abwendung von der immer stärker indisch orientierten Theosophie.

Allerdings war Steiners Verständnis des Christlichen anders als heute weithin üblich. Er war überzeugt, das Christentum erfülle sich nicht im Glauben an eine einmal gegebene Offenbarung, sondern es müsse in der völlig veränderten mentalen Verfassung unseres Zeitalters ganz neu und bewusst durchdrungen und erworben werden.

Dabei wandte er sich insbesondere dagegen, in Jesus nur einen vorbildlichen Menschen und freundlichen Weltenlehrer zu sehen, wozu manche vermeintlich modernen theologischen Strömungen tendieren. Damit, so Steiners Kritik, werde allenfalls das „Jesus-Wesen", nicht aber das „Christus-Wesen" erfasst, es fehle der Zugang zur eigentlichen Dimension des Geschehens, das in ganz andere Seinsregionen reiche. „In dem Christus erkennen wir ein kosmisches, ein überirdisches Wesen, ein Wesen, das heruntergestiegen ist aus geistigen Welten, um durch das Geborenwerden in einem physischen Menschen der Erdenentwickelung ihren Sinn zu verleihen." Diese Dimension lasse sich niemals aus den spärlichen historischen Dokumenten ableiten, sie könne allein auf ganz anderen Wegen, in einer rein geistigen Hingabe und Forschung zugänglich werden. Erst damit könne auch die volle, menschheitliche Bedeutung Christi verständlich werden, die weit jenseits aller konfessionellen oder kirchlichen Kategorien liege.

In diesem Sinn, so Steiner, stehe das Christentum überhaupt „erst im Anfange". Erst in unserer und der nächsten Epoche werde die Menschheit die ewige Wesenheit Christi tiefer empfinden und verstehen lernen. – Von kirchlicher Seite wurde diese Sichtweise von Beginn an scharf bekämpft.

Was ist die der Anthroposophie nahestehende *Christengemeinschaft*?

Rudolf Steiner sagte immer klar, er wolle nicht „religionsbildend“ auftreten. 1921 aber wandte sich eine Gruppe von 25 jungen Männern und Frauen – die meisten studierten evangelische Theologie – mit der Frage an ihn, wie ein Impuls für eine religiöse Erneuerung aussehen könne. Schon wenig später gab Steiner einen ersten „Theologenkurs“, und schon im folgenden Jahr einen zweiten.

Hintergrund war die verbreitete Empfindung, dass die kirchlichen Traditionen ihre einstige Kraft und Lebendigkeit verloren hätten. Die evangelische Tradition erschien vielen der jungen Theologen als zu nüchtern und predigtlastig, ohne Sinn für die Bedeutung von Kult und Liturgie. Auch Steiner fand, die Messe sei keineswegs „das unbedeutende Ding, das das evangelische Bewusstsein gern aus ihr machen möchte“. Die katholische Tradition wiederum (aus der Steiner selbst stammte) galt vielen, auch ihm selbst, als zu dogmatisch und autoritär. In Steiners Augen stellte sie sich, wo es ging, gegen das für unsere Epoche so wesentliche Erkenntnisverlangen; sie stellte sich entsprechend auch gegen jede freie, eigenständige Geistesforschung, wie sie die Anthroposophie anstrebt.

Ziel der im September 1922 gegründeten „Christengemeinschaft" war demnach ein zeitgemäßer Kultus, eine neue Form, „Übersinnliches im Sinnlichen" erlebbar zu machen. Gleich zu Beginn wurden die ersten Priesterinnen und Priester geweiht. Steiner selbst gehörte nicht zu ihnen, er sah sich nur in einer helfenden, inspirierenden Rolle, die aber zweifellos in jeder Hinsicht prägend war. Insgesamt aber hielt er daran fest: „Nicht Sekten bildend will Anthroposophie auftreten; eine Dienerin will sie sein der Religionen, die schon da sind, eine Wiederbeleberin des Christentums will sie sein in diesem Sinne."

Heute gibt es – strikt getrennt von der Anthroposophischen Gesellschaft – Gemeinden der Christengemeinschaft in aller Welt und es gibt eigene Priesterseminare in Stuttgart, Hamburg und Toronto. Die Gottesdienste der Christengemeinschaft, „Menschenweihehandlung" genannt, kann jeder besuchen. Viele erleben hier einen Ernst und eine Gegenwärtigkeit des Geistigen, wie sie heute selten sind.

16 Rudolf Steiner im Jahr 1918

Was dachte Steiner über die Zukunft der Menschheit?

Rudolf Steiner hielt unsere heutige nüchterne, diesseitig orientierte, sozusagen spiritualitätsferne Zivilisation für eine notwendige Phase in der Menschheitsentwicklung. Während sich die Menschen in früheren Epochen eigentlich überall in der einen oder anderen Form in eine höhere geistig-göttliche Welt integriert fühlten – in ihr geborgen oder auch von ihr bedroht –, musste die Menschheit eines Tages, so Steiner, aus diesem quasi von höheren Mächten betreuten Dasein heraustreten. Wenn man so will, hat Friedrich Nietzsche mit seinem „Gott ist tot" der alten Welt die Sterbeurkunde ausgestellt. (Steiner besuchte den bereits umnachteten, geistig zerbrochenen Philosophen noch in dessen winzigem Krankenzimmer in Naumburg.)

Und jetzt? Ein bloßes Wiederanknüpfen an die alten Weltbilder hielt Steiner letztlich für unmöglich und sogar für entwicklungsfeindlich. Der Schritt in die Freiheit und Autonomie des modernen Daseins sei unumkehrbar. Aber, so Steiner, was heute noch kaum erkannt werde: Jene geistigen Welten, von denen sich das moderne Bewusstsein abkoppelte, seien durchaus *real.* Auch wenn sich diese Realitäten etwa mit naturwissenschaftlichen Mitteln nicht erfassen lassen, sind sie, so Steiner, „doch da". Entsprechend sah er die Zukunftsaufgabe darin, sich an sie ganz neu heranzutasten und heranzuarbeiten, jetzt jedoch im Modus unserer Epoche, also frei und eigenständig.

Aber sind nicht Steiners Aussagen über diese geistigen Realitäten zunächst bloße *Behauptungen*? Genau. Er hat auch nirgendwo in seinem Riesenwerk dazu aufgefordert, dies (im Stil früherer Epochen) nur zu *glauben* oder als Offenbarung hinzunehmen. Unter anderem spricht er davon, man möge seine eigenen Mitteilungen als „Arbeitshypothesen" und „Lebenshypothesen" betrachten, die es zu prüfen gelte. – Allerdings: Diese Prüfung erfordert *Aktivität.* Der Mensch muss, um sich jenen Realitäten nähern zu können, überhaupt erst die inneren *Voraussetzungen* in sich schaffen. Es gelte, so Steiner, „die in der Seele schlummernden höheren Erkenntnisorgane zu entfalten". Welche innere Arbeit dies bedeutet, hat er in vielen Variationen beleuchtet. Aus den bequemen

Sesseln des heute gängigen Bewusstseins wird in der Tat nichts davon in Sichtweite kommen.

Im Grunde sah Steiner darin die Entscheidungsfrage der Menschheit: Ist der Wille da, sich der Wirklichkeit in all ihren Dimensionen neu und unvoreingenommen zu stellen, oder weist man das in einer Art Hochmut zurück, ganz gefangen in den scheinbar so überlegenen neuzeitlichen Denkweisen? Diese bescherten der Menschheit in der Tat glänzende Erfolge, sie sind aber – wenn Steiner Recht hat – gewissermaßen stumpf und untauglich, sobald es um die nichtmaterielle, unsichtbare, geistige Seite der Wirklichkeit geht. Steiners ganze „Geisteswissenschaft" ist im Kern nichts anderes als der Versuch, auf eine zeitgemäße Weise ein volleres Weltverständnis zu erreichen. Es sei die große Forderung der Zeit, „nun eine Kultur zu begründen, die mit dem rechnet, was hinter dem Sinnesschleier liegt".

Darin sah Steiner keinen philosophischen Luxus, sondern eine Überlebensnotwendigkeit. Jedenfalls werde die Menschheit, wenn sie weiterhin mit einem so verkürzten Weltbild und entsprechend unzulänglichen, weltfremden „Programmen" operiere, von einer Katastrophe in die nächste taumeln.

Eigentlich, so könnte man interpretieren, hat die Menschheit bislang nur die Hälfte der neuzeitlichen Aufgabe hinbekommen: den Abschied aus der einstigen Anlehnung an höhere geistig-göttliche Mächte. Die Verantwortung dagegen, die mit diesem Schritt auf sie zukommt, hat sie nicht wirklich übernommen. Diese Verantwortung könnte auch nur – das ist eben die Signatur der Epoche – in freier Entscheidung übernommen werden. Was durchaus auch düstere Optionen offenlässt: „Alles, was in Zukunft geschehen kann, ist in gewissem Grade in den Willen der Menschheit gestellt, so dass die Menschen auch verfehlen können, was zu ihrem Heile ist." An anderen Stellen klingt Steiner zuversichtlicher und betont, ein tieferes Weltverständnis werde sich – letztlich – doch mit innerer Notwendigkeit durchsetzen. Selbst „durch die engsten Spalten der Felsen von Vorurteilen" werde die Wahrheit ihren Weg finden.

Bildnachweise

1. Rudolf Steiner Archiv
2. Wikimedia Commons
3. Wolfgang Müller
4. Aus dem Fotobuch von Max Benzinger, Rudolf Steiner Archiv
5. Zeichnung von Karl Arnold, www.Simplicissimus.info
6. Eurythmieausbildung Alanus Hochschule Alfter
7. Wikimedia Commons
8. Jens Heisterkamp
9. Wandtafelzeichnung Rudolf Steiners, Rudolf Steiner Archiv
10. Gemeinschaftskrankenhaus Witten-Herdecke, Website
11. Anthrowiki
12. Ita Wegman Archiv
13. Rudolf Steiner Archiv
14. Rudolf Steiner Archiv
15. Sekem Group
16. Rudolf Steiner 1918, Aufnahme Karl Novak

Weitere Titel im Info3 Verlag

Auswahl

Mathias Wais

Ach du liebe Anthroposophie

Briefe an eine Freundin

1. Auflage 2020, 124 Seiten, Klappenbroschur, € 12,90

ISBN 978-3-95779-131-3

Ach Du liebe Anthroposophie – mit dieser herzlichen Anrede beginnt Mathias Wais seine Briefe an die verehrte Freundin Anthroposophie – mal kritisch hinterfragend, mal anregend, aber immer verbindlich. Denn der humorvoll anmutende Rahmen eines direkten Austauschs mit dem Wesen Anthroposophie hat einen ernsten Hintergrund: die Sorge um den Zustand eines geistigen Impulses, der heute nach Erneuerung verlangt.

Ein besinnlich-heiterer Versuch, zur nötigen Entwicklung der Anthroposophie anzuregen, der weitere Diskussionen auslösen möchte.

Jost Schieren (Hrsg.)

Die philosophischen Quellen der Anthroposophie

Eine Vorlesungsreihe an der Alanus-Hochschule

1. Auflage Mai 2022, 344 Seiten, Broschur, € 24,90

ISBN 978-3-95779-157-3

Rudolf Steiner und seine Anthroposophie stehen in der öffentlichen Wahrnehmung als solitäre Phänomene da. Der abgeschlossen erscheinende Kosmos seines Werkes macht es für Nachfolger und Kritiker gleichermaßen zu einem exklusiven Bezugspunkt. Dabei hat Steiner selbst zahlreiche Bezüge und Brückenschläge zu vorwiegend abendländischen Denktraditionen geschaffen. Sowohl philosophiegeschichtlich als auch bis in Steiners eigene Gegenwart hinein lassen sich breite und fruchtbare Diskussionslinien finden, auf die die Anthroposophie bezogen werden kann.

In diesem Band zeigen zehn philosophische Forscher, dass und wie die Anthroposophie selbst unmittelbar und substantiell anknüpfen kann an die Philosophiegeschichte von der Antike bis in die Gegenwart. Dabei werden Übereinstimmungen mit anderen Denkrichtungen, aber auch Divergenzen sicht- und diskutierbar.

Mit Beiträgen von Wolf-Ulrich Klünker, Salvatore Lavecchia, Jost Schieren, Marcello da Veiga, Hartmut Traub, Leonhard Weiss, David Marc Hoffmann, Axel Föller-Manchini, Jaap G. Sijmons, Johannes Wagemann.

www.info3.de

Jens Heisterkamp

Karma neu denken

Wiederverkörperung und Schicksal als Herausforderung für die Vernunft

1. Auflage 2023, 102 Seiten, Klappenbroschur, € 10,90

ISBN 978-3-95779-191-7

Ist es denkbar, dass wir mehr als nur ein Mal leben? Dass wir vor diesem Leben bereits mehrmals existiert haben? Dass unsere Existenz Folgen haben wird, über dieses eine Leben hinaus – dass wir wiederkommen? Die Idee von Reinkarnation und Karma ist noch relativ neu im westlichen Kulturkreis. Sie ist nicht im klassischen Sinne „beweisbar", aber sie ist es wert, ernsthaft geprüft zu werden. Dies geschieht in diesem kleinen Buch mit den Mitteln der Vernunft. Dabei werden auch kritische Fragen angesprochen: Bedeutet Karma, „an allem selbst schuld zu sein"? Und wie steht es mit Krankheit und Behinderung?

„Karma neu denken" öffnet *eine Perspektive, die Wiederverkörperung als Entwicklungsweg der Individualität und als Schlüssel für ein neues Wirklichkeitsverständnis versteht. „Die Idee der Wiederverkörperung hat mit einer Qualität von Weisheit zu tun, der unser Alltagsbewusstsein noch kaum gewachsen ist. Sie vermag aber alles zu verändern, unser Denken über uns selbst als geistige Wesen und unsere auf das Diesseits begrenzte Weltsicht."*

www.info3.de

INFO3 VERLAG

Info3-Verlag

Kirchgartenstr. 1 – 60439 Frankfurt

Tel. 069-58 46 47 – Fax 069-58 46 16

Mail: vertrieb@info3.de

Web: www.info3-verlag.de